구리밍의
패션 일러스트 종이인형

구리밍의 **패션 일러스트 종이인형**

초판 1쇄 2024년 3월 5일

지은이 구리밍(김서현)
펴낸이 장성두
펴낸곳 주식회사 제이펍

출판신고 2009년 11월 10일 제406-2009-000087호
주소 경기도 파주시 회동길 159 3층 / **전화** 070-8201-9010 / **팩스** 02-6280-0405
홈페이지 www.jpub.kr / **투고** submit@jpub.kr / **독자문의** help@jpub.kr / **교재문의** textbook@jpub.kr

소통기획부 김정준, 송찬수, 박재인, 배인혜, 나준섭, 이상복, 김은미, 송영화, 권유라
소통지원부 민지환, 이승환, 김정미, 서세원 / **디자인부** 이민숙, 최병찬

기획 및 교정·교열 박재인 / **내지 및 표지 디자인** nu:n
용지 타라유통 / **인쇄** 한길프린테크 / **제본** 일진제책사

ISBN 979-11-92987-89-7 (13630)
값 16,800원

제이펍은 여러분의 아이디어와 원고를 기다리고 있습니다. 책으로 펴내고자 하는 아이디어나 원고가 있는 분께서는
책의 간단한 개요와 차례, 구성과 지은이/옮긴이 약력 등을 메일(submit@jpub.kr)로 보내 주세요.

패션 일러스트 종이인형

나도 스타일리스트! 종이인형으로 만나는 트렌드 코디 룩 북

구리밍(김서현) 지음

제이펍

프롤로그

안녕하세요. 일상 속 귀엽고 발랄한 소녀들을 그리고 있는 일러스트레이터 구리밍입니다.

조금 부끄러운 이야기지만, 저는 어렸을 때 만화에 나오는 귀여운 미소녀처럼 되고 싶다는 꿈이 있었어요. 지금은 기억이 희미해져 버린 어린 시절, 방학만 되면 거실에서 언니와 만화를 보거나 컴퓨터로 게임을 하는 것이 제 인생에서 가장 큰 행복이었습니다. 자존감이 낮았던 저에게 만화책과 화면 속 미소녀 캐릭터들은 동경의 대상이었거든요. 캐릭터를 꿈꾸며 자연스럽게 그림 그리는 것을 좋아하게 된 저는, 어른이 되어 그토록 좋아하는 귀여운 소녀를 잔뜩 그리는 작가가 되었습니다!

어릴 적 누구나 한 번쯤은 종이접기를 해 보는 것처럼, 코디 스티커나 인형의 옷을 갈아입히는 놀이를 한 번도 해 보지 않고 자란 여학생은 거의 없을 것 같아요. 그중에서도 종이인형은 가장 손쉽게 접할 수 있는 단골 아이템이기도 하고요. 기존의 종이인형들이 복고풍이나 동화, 순정만화 같은 공주풍 콘셉트에 맞춰져 있었다면, 이 책에서는 제가 어릴 적 동경하던 귀여운 미소녀 스타일의 캐릭터와 어울리도록 조금 더 현대적이고 최신 트렌드에 걸맞은 다양한 의상과 아이템을 수록해 보았어요. 거창한 스토리가 들어 있지도, 엄청난 철학이 담겨 있지도 않지만 그저 제가 사랑스럽게 느끼는 소녀들의 감성을 담아내기 위해 노력했습니다.

요즘에는 다양한 온라인 게임이나 동영상을 보면서 시간을 보낼 수 있기에 종이를 오리고 노는 것이 약간 어색할 수도 있지만, 한번 시작하면 정신없이 빠져들어 집중하게 되는 것이 종이인형의 가장 큰 매력이랍니다. 차분하게 종이인형을 오리고 다양한 의상과 소품을 바꿔서 여러 가지 스타일로 코디해 보세요.

종이인형에 빠져 일상의 고단함을 잠시나마 잊고, 어릴 적 추억에 흠뻑 젖어 즐거운 시간을 보낼 수 있기를 바랍니다. 부디 편안한 마음으로 즐겨 주세요!

contents

01. 걸리시 & 키치 룩

02. 러블리 & 로맨틱 룩

1 처음에는 큰 덩어리로 나누어 여유 있게 자른 다음, 외곽선을 따라 다시 꼼꼼하게 잘라요.

2 한 번에 모두 자르려고 하지 말고 조금씩 끊어서 잘라요.

3 배경색이 동일한 종이인형은 서로 옷을 바꿔서 다양하게 입힐 수 있어요.

4 머리카락이 긴 종이인형은 칼로 어깨선에 길게 칼집을 내거나, 가위로 어깨선을 따라 잘라서 옷을 입혀요.

5 머리카락이나 팔이 허리에 붙어 있는 종이인형은 가위로 허리에 있는 선을 따라 자르면 하의를 입힐 수 있어요.

6 종이인형의 몸에 딱 맞는 타이트한 옷의 경우, 인형과 의상의 테두리를 얼마나 오려 냈는지에 따라 옷을 입혔을 때의 모양이 약간 어긋날 수 있어요. 이럴 때는 접는 부분의 테두리를 따라 가위질을 좀 더 예리하게 하거나, 접는 부분의 위치를 조금씩 조정해 주세요.

7 종이가 접히는 부분은 뒷면에 투명한 테이프를 붙여 주세요. 종이인형을 좀 더 오래 사용할 수 있어요.

8 종이인형을 좀 더 오래 간직하고 싶다면, 종이를 자르기 전에 손 코팅지로 코팅해요. 접는 부분을 아예 오려 낸 다음, 풀테이프를 사용해서 인형에게 옷을 떼었다 붙였다 입힐 수 있어요.

9 아끼는 인형과 옷은 책에 수록된 종이봉투를 만들어서 보관해요. 스타일별로 번호가 달려 있으니 배경색이 동일한 종이인형끼리 모아서 보관할 수 있어요.

어떤 패션이 좋을까? 스타일 살펴보기

01 걸리시 & 키치 룩

누구보다 사랑스러운 우리 소녀들의 취향 저격! 분홍색, 노란색 등 통통 튀고 발랄한 느낌을 주는 색감과 리본, 프릴을 활용한 디자인의 의상이 아주 조화로운 스타일이에요. 주름이 딱 떨어지는 플리츠스커트와 구슬이 달린 액세서리를 매치하면 잘 어울려요. 코디와 어울리도록 귀엽고 명랑해 보이는 헤어스타일이 많으니 자유롭게 활용해 보세요!

02 러블리 & 로맨틱 룩

걸리시 룩과 비슷한 것 같지만, 조금 더 사랑스럽고 성숙한 느낌의 패션이에요. 전체적으로 분홍색 의상이 많다 보니 더욱 사랑스러운 코디가 완성돼요. 독특한 디자인에 귀여운 레이스와 리본, 풍성한 프릴이 곳곳에 잔뜩 들어가 있어서 더욱 화려하죠. 당장 데뷔해도 손색없을 멋진 아이돌의 무대 의상 같지 않나요?

포멀 & 댄디 룩
....

'공식적인', '정식의'라는 의미를 가진 포멀 룩은 격식 있는 자리에 입고 나가도 손색없이 단정한 착장을 말
해요. 주로 행사나 모임, 파티 등에 참석할 때 입는 고급스러운 의상이 많아요. '멋쟁이'라는 뜻을 가진 댄디
룩은 원래 간결하고 세련된 남성 패션을 지칭하는 용어였지만 지금은 남녀 상관없이 다양하게 쓰여요. 셔츠
와 롱스커트처럼 심플하지만 성숙한 분위기를 발산할 수 있는 스타일이에요.

04 빈티지 & 레트로 룩

엄마나 할머니의 옷장에서 쉽게 찾을 수 있을 법한 빈티지와 레트로 룩은 획일화된 유행과는 다르게 나만
의 개성을 보여주기에 아주 제격인 스타일이에요. 자칫하면 촌스러워 보일 수도 있지만, 잘만 매치하면 어디
에도 없는 독보적인 패션을 완성할 수 있거든요. 과거에 출시되어 지금은 찾아보기 힘든 스타일의 의상에서
당시의 시대적인 감성도 물씬 느낄 수 있어요.

 **캐주얼 & 스포티 룩**

캐주얼 룩은 일상에서 많이 착용하는 편안하고 가벼운 옷차림을, 스포티 룩은 운동복의 기능과 디자인적인 특성을 평상복에 더한 옷을 말해요. 둘 다 자연스럽고 활동하기 좋은 옷이라는 점에서 비슷한 면이 있어요. 대충 입은 듯하면서도 멋스러운 스타일이에요. 10대라면 일상에서 자주 입을 수밖에 없는 교복 패션도 추가해 봤으니 재밌게 즐겨 주세요!

유니크 & 트렌디 룩

때로는 나만의 취향과 감성을 패션으로 표현하고 싶은 날이 있죠? 데일리 룩으로 입기에는 부담스러울 수도 있지만, 특별한 날 입기에는 더없이 좋은 코디를 모았어요. 단정하고 트렌디한 프레피 룩, 멋진 아웃도어 느낌의 고프코어 룩, 자유분방해 보이는 펑크 룩, 전혀 촌스럽지 않은 세련된 청청 패션까지! 그날그날 나만의 느낌을 의상으로 마음껏 표현해 봐요!

어떻게 입혀 볼까? 코디 룩 북 살펴보기

수많은 의상과 소품을 어떻게 조합할지 고민된다면? 다양한 코디를 한 번에 살펴보는 이번 페이지를 참고해서 입혀 봐요. 같은 배경 색상을 가진 인형끼리는 의상 호환이 가능해요. 패션에 정답은 없으니, 예시에 없는 새로운 코디 조합에도 자유롭게 도전해 보세요! 여러 가지 옷과 소품을 조합해서 나만의 개성 있는 코디 룩을 완성해 볼까요?

01 걸리시 & 키치 룩

러블리한 키치 룩

봄이 온 새내기 캠퍼스 룩

돌고 도는 복고 룩

펑크 갸루 룩

도도 큐티 무채색 룩

02 러블리 & 로맨틱 룩

리본 아이템 러블리 룩

화려한 로맨틱 무드 룩

발랄한 러블리 캐주얼 룩

여리여리 발레코어 룩

인형 같은 바비코어 룩

사랑스러운 윈터 룩

강렬한 레오파드 룩

03 포멀 & 댄디 룩

단정하고 멋진 포멀 룩

격식 있는 트위드 룩

우아한 롱스커트 룩

분위기 있는 트렌치코트 룩

04 빈티지 & 레트로 룩

숲의 소녀 모리걸 룩 1

숲의 소녀 모리걸 룩 2

클래식 빈티지 룩

믹스 앤드 매치

05 캐주얼 & 스포티 룩

무심한 듯 시크한 체육 소녀 룩

유니폼을 일상복처럼, 블록코어 룩

개성 가득 교복 룩

Y2K 하이틴 룩

믹스 앤드 매치

06 유니크 & 트렌디 룩

교복에 감성 더하기, 프레피 룩

멋을 아는 고프코어 룩

자유분방 펑크 룩

믹스 앤드 매치

어디에 보관할까?
종이봉투 만들기

풀칠하는 곳

01

풀칠하는 곳

풀칠하는 곳

03

풀칠하는 곳

풀칠하는 곳

04

풀칠하는 곳

풀칠하는 곳

풀칠하는 곳

봄이 온 새내기 캠퍼스 룩

시원한 여름휴가 룩

45

펑크 가루 룩

53

리본 아이템 러블리 룩

발랄한 러블리 캐주얼 룩

강렬한 레오파드 룩

단정하고 멋진 포멀 룩

우아한 롱스커트 룩

무심한 듯 시크한 체육 소녀룩

교복에 감성 더하기, 프레피 룩

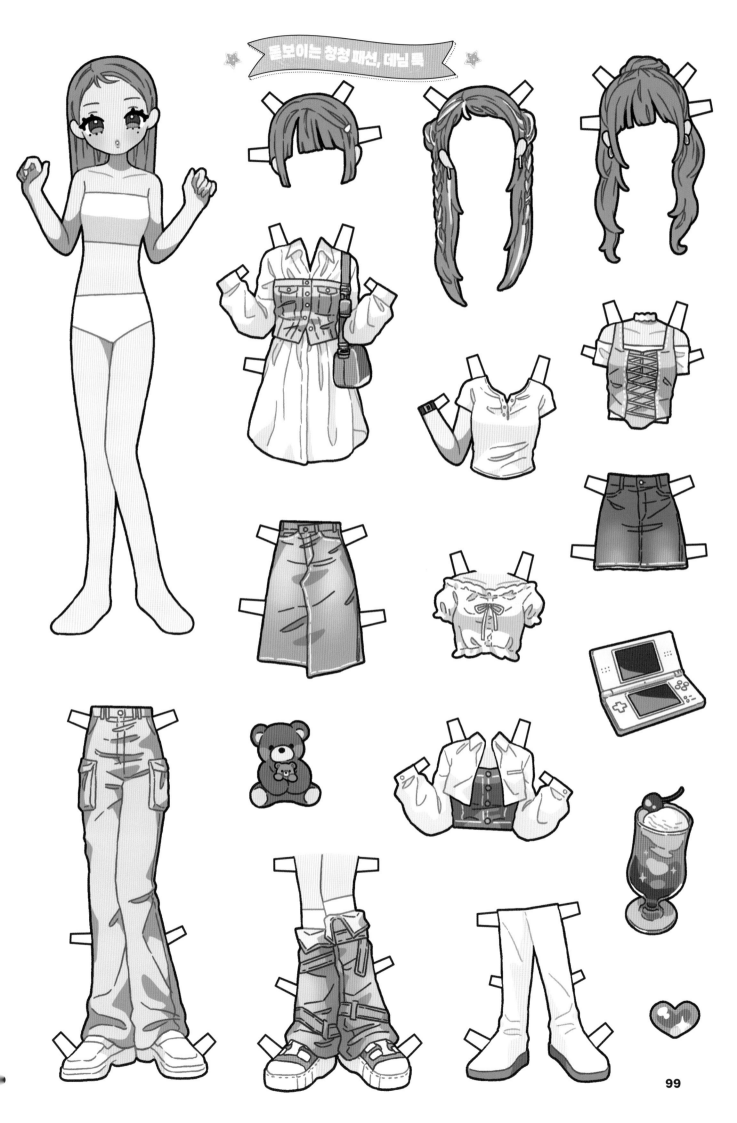